AF286145

Lorenz Filius

Herbstzeitlupen

Ein lyrisches Herbstpotpourri

(3. Version)

Impressum
Filius, Lorenz: Herbstzeitlupen
© Lorenz Filius, 2009/2019

Herstellung und Verlag: BoD- Books on Demand,
Norderstedt
ISBN: 978-3-8391-2386-7

Bibliografische Information der Deutschen Nationalbibliothek
Die Deutsche Nationalbibliothek verzeichnet diese Publikation
in der Deutschen Nationalbibliografie; detaillierte
bibliografische Daten sind im Internet über http://dnb.d-nb.de
abrufbar.

Inhaltsverzeichnis

Lorenz Filius

Sommerzirkus

Gemächlich bricht der Sommer
graue Himmelszelte ab,
sein Spiel war nur ein Zirkus,
der sich keine Ehre gab.

Die Nummern waren mäßig
und ein Wechselbalg das Licht,
denn zuverlässig leuchten
können Clowns des Sommers nicht.

Artisten der Gewetter,
kaum geschmeidig - ungeschlacht,
im Fall von plumpen Saltos
nicht einmal von uns belacht.

So ziehet leise weiter,
Künstler ohne Kunstbegriff,
nicht düster und nicht heiter
fehlt euch jeder Wetterschliff.

Lorenz Filius

Versöhnt

Schielend blickt das müde Licht
durch den Tag und wacht nicht auf,
kalter Atem modrig riecht,
schwelt heran vom Flussverlauf.

Nur der Jahreszeiten Trott
zwingt die Tage, aufzusteh'n,
träger Wolkenhimmel droht,
allzu früh zu Bett zu geh'n.

Hier und da ein Lächeln glimmt,
strahlt in gelber Euphorie,
wenn der Mittag sich benimmt,
fallen Lechzer auf die Knie.

Kleinen Finger reicht die Zeit,
die die Herrin ist im Land,
wer nach mehr zur falschen schreit,
nimmt zu spät die ganze Hand.

So versöhnt ein warmer Kuss
einen Griesgram mit der Welt,
schenkt ihr, was er gar nicht muss,
und dem Sommertag zufällt.

Großwetterlage

Ströme durch die Reste
alter Kinderzwitscherfeste,
Lachen, Balgen, Rennen,
Spuren, die die Felder kennen.

Um die Wette flogen
Sonnenlicht und Regebogen,
sind hernach ertrunken
und im Wolkenmeer versunken.

Echos in den Straßen,
von den Gärten - ausgelassen,
schweigen zu den Blättern,
die im Sturm zu Boden wettern.

Arm in Arm verfließend
und mit Küssen übergießend,
kuschelt hinter Mauern
zu gedankenvollen Schauern.

Nacht gemacht zum Tage,
schlaflos ohne müde Klage,
Schlaf vertreibt die Stunden,
bis der Herbst im Schnee verschwunden.

Elfentränen

Tränen der Elfen, Pailletten beim Tanze,
auf Kleidern des Abends zum Abschied bereit,
wiegend in Auen zum luftigen Walzer
in herbstlichen Schlaf und vergessend die Zeit.

Stürmische Herolde goldenen Herzens
verlauten posaunend den Anspruch aufs Land,
lasst sie besitzen den Traum für Momente,
im Jahreskreis tragen sie kalt ihr Gewand.

Tränen des Zaubers bald wieder erwachen,
zu küssen die Auen im fließenden Licht,
Geister, die weinten, das Land neu befrieden,
sie hauchen Magie in des Sommers Gesicht.

* * *

Nacktes Warten

Die Streben der Riesen versinken in Schwaden;
in himmlischen Sümpfen die Laublosen baden.
Sie schwanken im Wabern gewinnender Kräfte;
am Fuße des Moders versickern die Säfte.
Entrissene Kinder des Frühlings versterben
in rot-gelben Lachen aus blätternden Scherben.
Die Nacktheit im Regen mit offenen Karten,
sie kann nichts bewegen, nur hoffen und warten.

Die Bank

Fensterplatz mit Blick zum Leben
sammelt die Geschichten ein,
die die Wanderer bewegen,
rasten, um ganz selbst zu sein.

Lachen plätschert aus den Köpfen,
eben noch verspielt im Wald,
Mamas Brotzeit unter Zöpfen,
Wangenrot zum Himmel strahlt.

Weinen sucht in Horizonten,
langes Haar verweht das Leid,
welches kämpft an Heimatfronten,
Blick hinaus verheilt die Zeit.

Denken über Nachgedachtes,
über Runzeln wacht es grau,
Falsch- und doch viel Gutgemachtes,
danke dir, geliebte Frau.

Es ist Herbst in manchem Leben,
es ist Herbst wie jedes Jahr,
still, wo sie noch saßen eben,
auf der Bank wird vieles klar.

Lorenz Filius

Eichhorn

Beinah lautlos flieht Geschmeide,
Schattenschwung von Ast zu Ästen,
liebt die Einsamkeit des Herbstes,
mag nicht den Tumult von Festen.

Wenn die Gärten sind vergangen
und das Gras im Laub begraben,
sucht es goldverdeckte Schätze,
um im Winter sich zu laben.

Meist erblickt man es von Weitem,
denn die Nähe wird es scheuen,
spitzt die Ohren und hält inne,
um den Mut nicht zu bereuen.

Flauschig fließt das zarte Wunder
der Natur wie selbstverständlich,
zeigt sich Augen des Betrachters
für sein Schau'n durch Tanz erkenntlich.

Jahresbuch

Jahreszeiten sind wie Bücher,
und der Autor die Natur,
längst verfasst, doch nie vollendet,
stets erneuert Wald und Flur.

Winterprosa, Buch der Kälte,
still, Geschichten oft entrückt,
weiße Seiten scheuen Farben,
haben nächstes Buch bestückt.

Frühling glänzt verträumt im Umschlag
eines Buchs von Sturm und Drang,
es erzählt die Blütenpointe,
die dem ersten nicht gelang.

Sommer, ein Roman mit Wonne,
Spannungsbogen zieht vom Meer,
intrigante Donnerschläge
machen ihm das Leben schwer.

Herbstgedanken oft in Wehmut,
nicht berechenbar der Held,
denn die Trübsal eines Dramas
oft zum Schluss in Sturm verfällt.

Sinneswandel

Fremde Lüste treiben Schuhe
durch den Regen in die Tage,
denn die eignen geben Ruhe,
tot schweigt Prasseln kalte Klage.

Gestern mit der Welt verflochten,
leichtes Denken über Morgen,
heute zerrt an gleichen Orten
Wind am Schirm, der schützt die Sorgen.

Münzen, die in Becher fielen,
aus der Lust am neuen Leben,
nicht mehr länger Güte spielen,
bleiben heut am Finger kleben.

Zeitung, die im Flug genommen,
nicht zum Lesen, nur zum Winken,
macht die Stimmung nun beklommen,
Zeilen, die zum Himmel stinken.

Aufmerksam schlawenzelt keiner
länger durch die vollen Busse,
auf den Sitzen wird's gemeiner,
Schwangerschaft auf plattem Fuße.

...

…

Und das Lachen nach Belieben
auf der Arbeit in den Pausen
haben Zwänge ausgetrieben,
familiäre Sommerflausen.

Bleibt die Hoffnung auf den Abend,
wenn das Alibi für Schulden,
tief im Glase Rotwein badend,
muss nicht Reflexion erdulden.

Wintergarten

Tropfen tasten, trippeln, rauschen,
schleichen sich in mein Gehör,
aus dem Füllhorn will ich lauschen,
meine Sinne werden schwer.

Schau ins Grau durch einen Vorhang,
der aus Perlenfluss gemacht,
spiegelt Jammertal im Einklang,
fließt hinab und in die Nacht.

Böen heulen ihre Lieder
und erpressen diese Welt,
drücken Laub am Fenster nieder,
das der Baum nicht länger hält.

Finde mich in meiner Blase,
dunkel und aus Kerzenschein,
trotzig lächelt aus der Vase
eine Blüte in den Wein.

Wind

Den Flügelschlag nach Süden wiegt
der Wind, der sich in Bäumen wälzt,
als Sturm im Streit mit ihnen liegt
und Wirbel in die Felder schmelzt.

Er flüstert zart in dein Gesicht
und brüllt mit Kraft aus Meereszorn,
er dreht die Wetter in das Licht,
sein Kind, der Herbst wird so gebor'n.

Es klingt sein Wiegenlied in Moll,
die Fenster blasen zum Konzert,
was bald ein Presto werden soll,
sich prasselnden Applaus beschert.

Verebbt sehr oft mit einem Mal,
und manchmal stirbt er leis' dahin,
er liebt den Berg und hasst das Tal,
der Vagabund wird weiterzieh'n.

Lorenz Filius

Drachenflug

Eifer faltet, klopft und leimt,
graue Augenbrauen messen,
unter jungen Wimpern keimt
stolz Erwartung unterdessen.

Aus der Tür, hinauf zum Feld,
schnelle Schritte, kurze Beine,
kleiner Mund fast überquillt,
Opa kauft noch eine Leine.

Einer hier, der andre dort,
steht das Rufen auf der Weide,
lauf, lauf mit der Leine fort,
einer rennt doch hoffen beide.

Was erwartungsvoll begann,
stürzt die Hand hinauf zum Munde,
ratlos schaut ein alter Mann,
Kinderträne – Herzenswunde.

Kopf zum Bauch, ist doch nicht schlimm,
Opas Hand verstreicht Enttäuschung,
Witz im Finger zeigt zum Sinn,
Blitz im Blick bringt die Erleuchtung.

...

...

Kleiner Kniff aus weisem Geist
macht die Augen wieder trocken,
Opa weiß, was kämpfen heißt,
will erneut die Lüfte locken.

Angespornt mit ernstem Blick
zerrt ein kleiner Arm am Winde,
schaut hinauf, nicht mehr zurück,
und auch Opa wird zum Kinde.

Pilzragout

Wer nicht gerne Pilze speist,
braucht die Überwindung meist,
wenn er wo zu Gaste ist
und ein andres Mahl vermisst.

Alle seh'n sich hungrig um,
einer scheint es nicht zu tun,
stößt der Gastgeber hinzu,
wächst die Angst vorm Pilzragout.

Schau, sie hauen kräftig rein,
doch du scheinst schon satt zu sein,
was um deine Gabel kreist,
fand ich in dem Buch zumeist.

Keine Sorge, selbst gepflückt,
erst gerätselt, dann gebückt,
bin Experte erster Wahl,
meine Frau war's auch einmal.

Sankt Martin

Die Dunkelheit schon lange thront
auf Straßenzügen, zugedeckt,
mit Argwohn, der im Winter wohnt,
hat sie noch nicht mit Weiß befleckt.

Noch einmal geht ein Licht ihm auf,
dem Herbst - ergraut und schon sehr alt,
er gab die Kraft seit langem auf,
dem Spätsommer zu geben Halt.

Ein erstes Flackern dort ums Eck,
kein Irrlicht, nein, ein guter Stern,
es bahnt sich langsam seinen Weg,
ihm folgen viele andre gern.

Das Leuchten führt ein Reiter an,
der ein Symbol der Hoffnung ist,
von diesem kündet der Gesang,
der nicht den armen Mann vergisst.

Die kleinen Herzen tragen Licht,
Garant, solang es Kinder gibt,
dass dieses jedes Dunkel bricht,
sobald ein Mensch die Menschen liebt.

Lorenz Filius

Zeit des Feuers

Zeit des Feuers ist gekommen,
wenn das Sonnenfeuer stirbt,
tausendfach den Docht erklommen,
den der Flammenzwerg umwirbt.

Zeit des Feuers in Arenen,
züngelnd misst es sich mit Holz,
nach dem Sieg in Kampfkaminen
ist verraucht sein heißer Stolz.

Zeit des Feuers auf den Feldern
äschert toten Sommer ein,
der gar selbst zuvor in Wäldern
Brunst gebar mit Sonnenschein.

Zeit des Feuers leuchtet Wege
Seelen, die das Jahr verstreut,
heimwärts zur Besinnungspflege,
die Gemeinschaftsgeist erfreut.

Regen

Im Sommer hält er sich zurück,
gibt sich als Freund, doch macht sich rar,
der Mensch sucht anbiedernd das Glück,
erhascht die Gunst nur hier und da.

Das Streicheln seiner Tropfen lebt
in Liebe zur Natürlichkeit,
sein Element die Stimmung hebt,
ein Landregen den Geist befreit.

Doch Launigkeit des Prasselns wächst,
wenn jemand seine Ruhe stört,
kaum dass der Wetterkessel hext,
uns seine Nahbarkeit empört.

Nur selten schmiegt er sich dann an,
er fällt ins Haus mit Überfluss,
man keinen Korb ihm geben kann,
wer A sagt, B auch sagen muss.

Jedoch versiegt sein Temperament
im Lauf der Zeit im Blättermeer,
sein Perlenkleid ist transparent,
im Winter kommt er weiß daher.

23

Lorenz Filius

Kastanienmännchen

Nachts beleuchtet still der Mond,
was auf Fensterbänken wohnt,
starr und doch aus Phantasie,
kleiner Traum - dort leben sie.

Vorsichtig ein sachter Schritt,
hölzern knicken Beinchen mit,
auf dem dünnen Hals ein Kopf,
Ärmchen macht beim Nachbarn ‚Klopf'.

Und auch diese Urgestalt
lässt das Leben nicht mehr kalt,
reicht den dünnen Arm zum Tanz,
seinem Kompagnon mit Schwanz.

Ungelenke Anmut spielt
dort, wohin das Mondlicht zielt,
Pirouetten einer dreht,
Ausfallschritt der andre geht.

Und sie wirbeln wie der Wind,
Lächeln malt der Schlaf dem Kind,
Wimpernzucken durch das Glück,
schickt Applaus dem Paar zurück.

...

…

Doch der Rausch wird ziemlich arg
und ihr Lebensdrang zu stark,
Tritt daneben führt hinab,
splittern ins Papierkorbgrab.

Strampeln hat es aufgeweckt,
Blick zur Bühne, hochgeschreckt,
Gott sei Dank, da steht der Traum,
Männchen vom Kastanienbaum.

Lorenz Filius

Der letzte Baum

Weihnachtsmänner suchen zwischen
edlem Holz und grauem Tann';
was nicht bricht mit Nadelstichen,
auf die Krönung hoffen kann.

Jene mit den fetten Streben,
ob natürlich, ob gelackt,
werden sich die Ehre geben,
Schein und Sein im Netz verpackt.

Hier mit Luxus ausgestattet,
dort ein Kompromiss gewählt,
einer jedoch liegt ermattet,
ihm schon manche Nadel fehlt.

Ausgegrenzt von Prachtgedanken,
und die Häscher spüren kaum,
jedes Knacken unterm Zanken
bricht das Herz im kleinen Baum.

Zerrend zupfen zarte Blicke
musternd wie ein Scherenschnitt,
tänzelndes Gehölzgezicke
spürt der Kleine Tritt für Tritt.

...

…

Märkte lichten sich am Abend
vor dem großen Fest zu Haus;
sich in seinen Nadeln badend
schaut verwaist ein Bäumchen aus.

In Erwartung scharfer Zähne
durch des Schredders Gnadenstoß
Streicheln einer Kindermähne,
kleine Hand lässt ihn nicht los.

Für die Mama, liegt im Bette,
nimm dafür mein Taschengeld.
Nein, behalt es, und dann rette
mit dem Baum die ganze Welt.

Lorenz Filius

Allerheiligen

Auf Straßen der Vergangenheit,
vor Häusern für die Ewigkeit,
verweilen Gäste stumm, nicht still,
es hören kann, wer's hören will.

Es wird gefragt, gesagt, gedacht,
geweint, und ja, auch mal gelacht,
es wird geleugnet und geflucht,
von bleicher Ohnmacht heimgesucht.

Sie stehen, wandern hin und her,
sie straucheln, können bald nicht mehr,
in Ruhe harren sie dahin,
ihr Blick wird kaum vom Namen flieh'n.

Sie pflegen, hegen im Gebet,
was über Ewigkeiten steht,
ein Kind pflanzt eine Blume ein,
die alte Frau küsst einen Stein.

Doch was alleine oft begann,
als eine kurze Zeit verrann,
gibt leidgeprüfte Stille preis,
und leuchtet rot am Abend leis'.

Ein Meer aus gleichgesinntem Licht
verleugnet ihre Hoffnung nicht,
die Kraft des Glaubens flammend scheint
und hat die Einsamkeit vereint.

Alte Weiber

Libellen tragen ihre Leiber
abendlich in reifes Blau,
Duft des Atems alter Weiber
färbt Vergangenheiten lau.

Geplänkel flirren über Teichen,
Festivals der Eintagszunft,
was dem Froschmaul kann entweichen,
treibt es bis zum Tauen bunt.

Gelesen wird noch in den Gärten,
später auch am Rebenstock,
Regen wird den Boden härten,
Schuss im Wald gilt letztem Bock.

Verblassend, unverblümte Blätter,
gelb vor Neid auf Wintersaat,
hängen nach dem alten Wetter,
als das neue drohend naht.

Lorenz Filius

Niemandsland

Ein Niemandsland ist jener Tag,
an welchem selbst das Grübeln stirbt,
der Geist sich kaum mehr regen mag,
und nichts mehr für das Leben wirbt.

Es fließen Stunden durch das Hirn,
gefüllt mit Zeitenlosigkeit,
gedankenlos vernähtes Zwirn,
von Zeilen eines Buchs nichts bleibt.

Es reicht der Morgen seine Hand
mit langem Arm zum Abend hin,
diffuse Schatten an der Wand
vergehen, ohne fortzuzieh'n.

Gehofft, Gefürchtet und Gefragt
verging im letzten Laubestanz,
so dürr der Ast vom Baume ragt,
so matt der Blätter Totenglanz.

Ich hebe meinen Blick hinauf,
begrabe ihn im brachen Grau,
er stört sich an der Flocke Lauf,
sie weckt in mir ein schwaches Blau.

Mützen

Schaue von der Brücke
auf die Uferpromenade,
treffe keine Blicke,
sehe nur die Hauptparade.

Breite Krempe wandelt
philosophisch, stolz geledert,
Hand in Hand verbandelt
mit der Albernheit, befedert.

Bommel tanzt auf Wolle
taktversetzt zu kurzen Sprüngen,
Mama hat die Rolle,
unter dichtem Haar zu singen.

Finster schlägt die Kappe
ihren Schatten aus dem Schirme,
unbedeckter Leichtsinn
glänzt daneben aus der Birne.

Hier und da passieren
edle Stücke die Genannten,
elitär zensieren
sie Kapuzen zu Verbannten.

Was bewegt, mit Mützen
oder ohne sie zu laufen?
Manchmal ist's das Nützen,
oft jedoch ein ‚Sich Verkaufen'.

Lorenz Filius

Frühe Weihnachtszeit

Frühreif faulen in Regalen
marzipane, fette Brote,
lieblos zerrend grinst die Folie,
Weihnachtsmann ein Quengelbote.

Lustig blinken zwischen Leuchtstoff
kitschig bunte Heiligkeiten,
und darunter greifen Hände,
um im Schlussverkauf zu streiten.

Kinderaugen strahlen wenig
über ihre kleinen Siege,
weil Zerstörer ihres Festes
führen gegen Väter Kriege.

Müden Müttern an der Kasse
ist das Geld davongelaufen,
Ostermann und Weihnachtshase
bringen Papa was zum Saufen.

Meine Zeit

Meine Zeit verbrachten Leute,
die mir ihre Zeit nur gaben,
um zu stehlen mir mein Heute,
wollten gestern es schon haben.

Meine Zeit verbrachten Dinge,
die sich nicht mit mir befassten,
drohten, wenn ich mich nicht zwinge,
in Gedanken auszurasten.

Meine Zeit konnt' ich behalten,
wenn sie schwanger lief mit Sorgen,
denn die Fehlgeburt aus Falten
wollte sich noch nie wer borgen.

Meine Zeit verbrachten Geister,
die in Netzen schnell verwesen,
laue Typen spielten Meister,
taten oftmals sehr belesen.

Meine Zeit verstirbt in Taten
ohne Antwort auf die Fragen,
ohne Chancen mir zu raten,
auch ein Buch mal aufzuschlagen.

Lorenz Filius

Sturmgebäck

Hinterm blanken Küchentisch
Mittagsschlaf aus Augen fällt,
Mamas Zutaten sind frisch,
leicht bestäubt der Schnee die Welt.

Mehl verwalzt auf großem Teig,
den ein kleiner Strolch bestiehlt,
als die Mutter schaut zum Zweig,
der am Fenster klopfend spielt.

Stern für Stern und Mond für Mond
stechen kleine Fäuste aus,
Wintersturm im Abend wohnt,
fällt mit kalter Tür ins Haus.

Butter auf dem Ofenblech,
Mehl im Teig und im Gesicht,
hier und da ein Pfeifen, frech,
denn die Fenster sind nicht dicht.

Ehrfurcht in die Röhre stiert,
träumt zum Stern- und Mondgespann,
draußen sich der Wind verliert,
hält im Duft den Atem an.

Zugedeckt und aufbewahrt,
Welt und Kind und Sturmgebäck,
wenn die Nacht zum Tag erklart,
ist bereits die Hälfte weg.

Cuxhaven

An der Nordsee ist es still,
wenn die Flut nicht kommen will,
Watt durchwandert ohne Ziel,
der gefangen ist vom Priel.

Kugelbake, Grimmershörn,
laden ein zum Segeltörn,
Alte Liebe wird betör'n,
die sich frische Liebe schwör'n.

Wernerwald und Wattengras,
Dünen, die das Wasser fraß,
Wattenwagen macht viel Spaß,
Neuwerk blinkt, was ich vergaß.

Lauf am Deich das Herz belohnt,
Lungen bleiben schmutzverschont,
Müdigkeit in Seeluft wohnt,
Neptun weiter draußen thront.

Gruß vom Horizont erfährt,
wer die Seehundbank beehrt,
manches Schiff im Strom verkehrt,
andre ruh'n am Grund, versehrt.

Hin und her, mal wild mal sacht,
Strandgut zu Besuch gebracht,
still zur späten Stunde lacht
der, der die Gezeiten macht.

Lorenz Filius

Letzter Tanz

Wehmut liegt in großen Augen,
aufgefaltet wie ein Buch,
gestern vor dem Fenster tanzend,
heut' dahinter zu Besuch.

Überlässt dem Herbst die Lüfte,
die er vor ihm hat beweht,
kalte Boten machen Kehraus,
bis der letzte faltend geht.

Seine Kinder werden kommen,
doch für ihn die Zeit vorbei,
zaghaft bitten seine Flügel,
gib mich einmal nur noch frei.

Denn zugrunde werd' ich gehen,
ob im Schnabel oder Eck,
bitte weint nicht um die Farben,
denn es ist ihr Schicksalsweg.

Also schenke ich ihm Freiheit,
die die Luft bald nicht mehr kennt,
tanzt mit ihr noch einen Reigen,
malt ein Herz ins Firmament.

Warme Lügen

Kaltes Licht verraucht den Morgen,
trügerische Weißheit schwärmt,
weiche Decke hält geborgen
Menschen, die Romantik wärmt.

Durch den Tagtraum fressen Stunden
Löcher, die dem Blick entflieh'n,
Räuber kriechen durch die Wunden,
werden warm von dannen zieh'n.

Auch die abendliche Lüge,
die bald im Kamin verraucht,
hat den Wunsch, den ich betrüge,
in Realität getaucht.

Ausgekühlt versterben Sinne,
noch am Morgen so betört,
wünsche, dass die Nacht beginne,
die aus Illusionen führt.

Lorenz Filius

Meine Freundin

Meine Freundin lacht mir Treue,
strahlt mir streichelnd ins Gesicht,
wenn ich mich am Morgen freue,
liebt sie mich alleine nicht.

Schmunzelnd, freundlich oder strahlend,
haucht mir wärmend ins Gemüt,
strotzt vor Stolz und gibt sich prahlend,
ahnt noch nicht, was bald geschieht.

Und dann liegt sie in den Kissen
ihres dunklen Himmelbetts,
lässt hindurch die Tränen fließen,
denn ihr Zyklus ist Gesetz.

Launenhaftigkeit ihr Wesen
durch das Jahr mit Temperament,
heut' vom Stimmungstief genesen,
morgen sie das Hoch nicht kennt.

Nicht an jedem Tag die Wonne,
doch nichts ohne sie verblieb'
meine Freundin ist die Sonne,
die bedingungslos ich lieb.

Verspielte Chance

Im Jetzt gefrönt,
an Morgen denken war verpönt,
das Feiern eine Ewigkeit,
die Zukunft schreit.

Vorbei am Ziel,
die Müdigkeit gewinnt so viel,
verschließt das Tor der wachen Chance,
nicht in Balance.

Gerechtfertigt,
es wird nicht aus dem Herbst geblickt,
in Sicherheit wiegt sich der Geist,
der Warten heißt.

Bald abgestumpft,
Elan zum neuen Ufer schrumpft,
im Meer aus Schwermut liegt versenkt,
wer nicht mehr denkt.

Im Winterschlaf
beharrt die Ruhe auf Bedarf,
gefordert früh doch kaum verdient,
der Frühling grient.

Mit Lust erwacht,
doch nur zu dem, was frei erdacht,
der nächste Schlaf kommt ganz bestimmt,
der nie verrinnt.

Lorenz Filius

Kalte Fresser

Knisternd knuspern kalte Fresser
unter aufgedeckten Nebeln
langsam sich durch das Gewässer,
wollen Mund des Plätscherns knebeln.

Nutzen aus der Sonnen Schwäche,
wenn sie ihren See verspeisen,
Angst, dass sie am Tag sich räche,
werden knackend sie vereisen.

So erwacht aus Morgenschwaden
eine Welt mit neuem Lenker,
Schutzpatronin grau beladen,
maskenhaft ihr lichter Schwenker.

Unterworfen hat sich alles
einem unverfror'nen Meister,
und im Laufe eines Schwalles
Invasion der Wintergeister.

Mitbringsel

Letzter Kuss war schnell geschmeckt,
Lippen die den Rest erpressen,
ein Gefühl hat Blut geleckt,
Sommer lässt sie nicht vergessen.

Noch im Flug vergeht der Schmacht
nur beim einen, und die andre
hofft, dass jener wieder lacht,
falls er über'n Weg ihr wand're.

Und die Blätter fallen leis'
nach den Wochen des Ergözens,
ihr wird kalt und manchmal heiß,
Wechselbäder des Entsetzens.

,Ich ruf an' klingt's noch im Ohr,
dort ertrinkt das leise Flüstern,
das sich tief in ihr verlor,
als ihr Liebe log das Lüstern.

Eisig fühlt sie kalten Schmerz,
nicht der Winter jagt ihr Leiden,
nur das Pochen unterm Herz
wollte sie so früh vermeiden.

Mit dem Jammern schmilzt der Schnee,
neuer Frühling küsst das Leben,
alte Liebe längst passé,
neue wird ihr Reife geben.

Blau

Wo ist das Blau im Meer versteckt,
wie hat es Sterne zugedeckt?
Im Sommer grell, im Winter tief,
im Herbst nicht selten depressiv.

Warum ist es am Morgen matt,
zu Mittag immer noch nicht satt?
Zum Abend sehr oft überfüllt,
kaum mehr durch Wolkendecken quillt.

Wie löst es sich klammheimlich auf,
sobald der Mond nimmt seinen Lauf?
Es folgt in Opportunität
dem Tag, wenn er zuneige geht.

Sein Schöpfer ist das Sonnenlicht,
das sich in Atmosphären bricht,
es treu mit ihm die Welt umrennt,
und Farbe durch den Tag bekennt.

Advent

1. Advent
Freude, denn der Herbst beschließt sich
mit der ersten Lichterkette,
die mit Blicken, leicht verdrießlich,
auch der Nachbar gerne hätte.

2. Advent
Nachgeholt nur Tage später,
schmiert die graue Siedlung Farben,
schwer bepackt mit Kabeln, Väter,
hinter'm Fenster Kinder darben.

3. Advent
Längst ertrunken ist die Stimmung,
die in Festlichkeiten badet,
hinterm Blinken Schnapsbesinnung,
die im Vorfeld wohl nicht schadet.

4. Advent
Eingefleischte Riten spuren,
innerhalb der Norm zu fahren,
fehlerfrei die Zeitschaltuhren,
die vorm Supergau bewahren.

Weihnachten
Zuverlässig streuen Lichter
Zucker in die fahlen Augen,
dafür wirkt das Konto schlichter,
Gaben, die zum Kuckuck taugen.

Lorenz Filius

Glaubensfrage

Was redet jener von der Kanzel,
das so schön in Ohren klingt,
warum nur tickt die Uhr so langsam,
die allein zum Bleiben zwingt?

Ein jedes Mal such ich die Sorgen,
in der milden, stillen Zeit,
die mich nach noch so langem Lauschen
nicht von meiner Last befreit.

Gelernt, zu Glauben hab ich früher,
doch im Kindsein war es leicht,
gebettet in die Illusionen,
anzunehmen, was verbleicht.

Ich horche auf die frommen Worte,
und verzweifelt doch auch froh,
verlasse ich bestätigt Hallen,
die schon mancher vor mir floh.

Im Blättertreiben siecht die Hoffnung
wie das Jahr zum Exitus,
das eine weiß um neue Knospen,
was ich erst noch glauben muss.

Luna

Vernarbter Strahlemann erblickt
mit stolzem Geiz die dunkle Nacht,
mit fremden Federn er sich schmückt,
sie sind aus Sonnenlicht gemacht.

Er mischt die Dinge heimlich auf
und leugnet sein konfuses Tun,
durch Wolken nimmt er seinen Lauf,
gibt vor, sich darin auszuruh'n.

So stachelt er als Hintermann,
verschworen mit der Galaxie,
zu manchen Emotionen an,
beweisen kann man's jedoch nie.

Beheult, bemunkelt und vergötzt,
zieht er so ungestraft dahin,
auch wenn er andere verletzt,
sind sie es, die ihn gerne seh'n.

Nicht alle folgen seinem Ruf,
doch auch Verleugner er nicht schont,
die Kraft, die unsre Himmel schuf,
sie legte sich auch in den Mond.

Lorenz Filius

Allwinter

Aus dem Schlafe wird geweckt
Selbstverständlichkeit, verschreckt,
als kein Strom ist mehr im Haus,
außer Sternen alles aus.

Wohlig folgt Gelassenheit
hin zur Nachtgemütlichkeit,
im Vertrauen auf die Welt,
die den Überblick behält.

Doch am Morgen ist es kalt,
und der erste Schnee kommt bald,
bis zum Mittag wird man seh'n,
wird die Welt sich wieder dreh'n.

Draußen ist noch nichts verkehrt,
hier und da sich wer beschwert,
dass die Zeit sich nicht verläuft,
Blaulicht hetzt und schreit gehäuft.

Erster Tag unendlich lang,
weil man gar nichts machen kann,
doch die nächsten fragen leis':
„Wer zahlt wofür welchen Preis?"

...

…

Diese Frage nicht besteht,
weil die Welt sich weiterdreht,
Preise preisen länger nicht,
wer was kann, hat nun Gewicht.

Wenn der Herbst zum Winter wird,
auch ein reicher Mann erfriert,
denn der Wert der Sklavenwelt
rechnet sich nicht mehr in Geld.

Vielmehr überleben nun
jene, die für sich was tun,
fort ist der soziale Hohn,
der erhalten hat den Thron.

Er zerfällt zur Möglichkeit,
zu entwickeln, was befreit;
Hobel des Primatentums
ist das Ende allen Ruhm's.

Lorenz Filius

Mit Distanz

Mit spitzer Feder schrieb ich mir
den Sinn des Lebens auf Papier,
dem Frieden, den ich selbst nicht hab,
ich als Ersatz den Umtrieb gab.

Ich gebe zu, ich glaub daran,
dass ich sehr schnell verbrennen kann,
wenn ich der Flamme komm zu nah,
weil viel zu kurz mein Streichholz war.

Und doch, ich seh' es überall,
denn nicht nur ich vermehr' die Zahl
der Realisten Nüchternheit,
enttarnen Lebensunwahrheit.

Was soll ich lügen, wenn ich schreib
und hier und da mal übertreib,
in Wunden Finger nur gelegt,
damit sich in der Welt was regt.

Allein, was kann die Welt dafür,
dass ich verschließe mir die Tür,
die, ach, so allen offen steht,
wenn man hindurch verquer nicht geht.

Egal, ich tret' in sie hinein,
denn mein Problem soll ihr's nicht sein,
am langen Holz ein neues Licht,
beleuchte nur, verbrenn mich nicht.

Irrlichter

Irrlicht über nassem Pflaster
treibt Motoren durch die Hast,
Straßenkreuze zieh'n ein Raster,
dem das Irrlicht an sich passt.

Hektik fahler Zerrgesichter,
blinken wahllos links und rechts,
und von oben bunte Lichter,
Ordner dieses Blechgeflechts.

Nur das Ziel fehlt in den Wirren,
Reise nach dem Irgendwo,
auf dem Platz zum ‚Sich verirren'
macht ein andrer sich grad' froh.

Wer ihn hat, der darf verschnaufen,
Geld und Parkschein drängen ihn,
Zeug, was man nicht braucht, zu kaufen,
ohne Zeit zu überzieh'n.

Nach und nach verblassen Lichter
aus dem Zwang der Abendnot,
Nacht umrundet diesen Trichter,
der am nächsten Abend droht.

Lorenz Filius

Kehraus

Die letzten Reste sind vereist,
das Straßenvolk zerwühlt den Müll,
das Jahr zum Fest war lang entgleist,
verkrachter Himmel mit Gefühl.

Entgangen ist, wer nüchtern war,
dem leierhaften Mottolied,
das Festprogramm war wunderbar,
bis Völlerei im Rausch verschied.

Vom Lügenprunk noch kaum ein Glanz,
verdirbt alsbald im Winterflaum,
der Glitzerfratzen Mummenschanz
ist lustig, schäbig anzuschau'n.

Ein Clown erwacht noch hier und da,
er schielt missglückte Fröhlichkeit,
ihm ist egal, was vorher war,
denn Clowns vergeuden eh die Zeit.

Aufruf

Verlasst den Turm aus Elfenbein,
den Glauben an das Rund im Rad,
wer meint, das könnte Wahrheit sein,
verkennt den Ursprung im Quadrat.

Als Ganzes sehen wir's von Fern,
im Ganzen scheint es für uns klar,
wenn's passt, dann nehmen wir es gern,
wenn nicht, es niemals anders war.

Bequemlichkeit verführt zum Zweck,
Bewährungsmuster zu versteh'n
als guten Sinn aus einem Weg,
solang man ihn nicht selbst muss geh'n.

Doch wer den Schein der Lampe ehrt,
verfällt und folgt dem Massenwahn,
allein, wohin das Licht dann fährt,
weiß nur der Lampenhintermann.

Beleuchtet eure Straße selbst!
Erkennt, wohin sie sich verbiegt,
auf dass ihr nicht in Fallen stelzt,
von dem, der euch die Wahrheit lügt.

Lorenz Filius

Das Erz des grauen Herbstes
ist das Gold seiner Bäume.
Wer es schürft mit Blicken,
veredelt Wehmutsträume.

Lorenz Filius